W0063576

PORRIDGE
Genau richtig frühstücken

3Bears

PORRIDGE
Genau richtig frühstücken

MIT REZEPTEN VON 3BEARS

EMF

EIN BUCH DER
EDITION MICHAEL FISCHER

INHALT

Kleine Orientierungshelfer

Vegan

Schmeckt Kindern besonders gut

Ballaststoffquelle

Vollkorn

Pflanzliches Protein

Schnelles Rezept

Ohne Kristallzucker

Leichte Küche

Für besondere Tage

Laktosefrei

ES WAREN EINMAL,

vor nicht allzu langer Zeit zwei mutige Menschen, die sich dazu entschlossen, ganz Deutschland mit einer fabelhaften Frühstücksmahlzeit zu verzaubern …

Wir sind Caroline und Tim, ein deutsch-englisches Paar und die Gründer von 3Bears. Wir finden, dass Frühstück lecker und gleichzeitig gesund sein sollte.

In diesem Buch entführen wir euch in die Bärenhütte aus dem britischen Märchen „Goldlöckchen und die drei Bären" (siehe S. 74), mit dem Tim aufgewachsen ist. Darin verraten wir euch das Geheimnis des genau richtigen Porridge und beantworten euch alle Fragen rund um das Haferfrühstück: Was ist Porridge? Welche Milch kann ich verwenden (siehe S. 12)? Welche Toppings schmecken am besten (siehe S. 14)? Wo kommt Porridge ursprünglich her (siehe S. 42) – und was ist das Besondere an Hafer (siehe S. 98)? Natürlich inspirieren wir euch auch mit fabelhaften Rezepten für jeden Anlass.

Das Frühstück – die erste, und wie man sagt, wichtigste Mahlzeit des Tages – soll der Star dieses Buches sein. Für jemanden, der gerne warm frühstückt, haben wir viele Porridge-Kreationen, mit modernem „Twist". Für warme Sommertage gibt es cremig-leckere Overnight-Oats-Rezepte (auch toll als Dessert) und fruchtige Smoothie-Inspirationen! Aus unseren Hafermischungen lassen sich außerdem noch viele andere Sachen zaubern, die nicht unbedingt Frühstück sind, wie zum Beispiel ein vollwertiges Haferbrot, leckere Energy Balls oder eine traumhafte Torte.

Alle Rezepte spiegeln unsere Grundsätze wider: Die 3Bears Porridge Mischungen enthalten nur die Süße aus hochwertigen Trockenfrüchten. So kommen alle Porridge- und Overnight-Oats-Rezepte ohne Industriezucker aus und sogar die Backrezepte enthalten viel weniger Zucker als gewöhnlich.

Im Jahr 2015 gründeten wir 3Bears und nun halten wir schon unser erstes Rezeptbuch in den Händen. Alle Rezepte stammen aus Carolines Feder, die tagelang eigene Kreationen und Ideen testete. Dann durften Tim und das Team fleißig testen, backen, kochen und natürlich probieren.

Zu der Idee, ein Rezeptbuch zu schreiben, haben uns unsere Kunden inspiriert. Euer Feedback auf die Blog-Rezepte von Caroline war wirklich unbeschreiblich! Einige haben sogar angefangen ihre eigenen Rezepte mit unserem Porridge zu entwickeln.

Wir haben dieses Buch für euch geschrieben – inspiriert von eurer Liebe für bewussten Frühstücksgenuss!

Viel Spaß beim Kochen, Mixen, Backen und genau richtig Frühstücken!

Caroline & Tim

3Bears

GENAU RICHTIG
Milch
3Bears

3Bears
PORRIDGE
GENAU RICHTIG
OHNE ZUCKERZUSATZ
MOHNIGE BANANE
KERNIG & MIT 32% FRUCHT
3Bears
PORRIDGE
GENAU RICHTIG
OHNE ZUCKERZUSATZ
FRUCHTIGE KOKOSNUSS
KERNIG & MIT 40% FRUCHT
3Bears
PORRIDGE
GENAU RICHTIG
ZIMTIGER APFEL
KERNIG & MIT 30% FRUCHT
3Bears
PORRIDGE
GENAU RICHTIG
OHNE ZUCKERZUSATZ
KERNIGER KLASSIKER
KERNIG & AUS VOLLKORN

ÜBER UNS

Wir finden, dass Frühstück lecker und gesund sein sollte. Deshalb machen wir Porridge so wie Goldlöckchen und die drei Bären aus dem englischen Märchen (S. 74) es mögen – mit viel Frucht und vollwertigen, ganzen Haferflocken für einen kernigen Biss. Dabei verwenden wir feine Vollkorn-Haferflocken, natürlich getrocknete Früchte und keinerlei Zusätze oder Zuckerzusatz. Wir selbst wollten uns stets bewusst ernähren, ohne dabei auf Geschmack zu verzichten. Porridge ist da genau richtig! Der britische Frühstücksliebling ist einfach zubereitet und wunderbar bekömmlich. Caroline fühlte sich morgens mit etwas Warmen im Bauch sehr viel besser und schätzte von Anfang an die Vielseitigkeit, während für Tim als Sportler und begeisterter Radfahrer vor allem die Nährwerte und einfache Zubereitung von Porridge zählten.

Wir lernen uns in England kennen und arbeiten schon damals im gleichen Unternehmen – Caroline als Praktikantin und Tim in seinem ersten Job.

2007

Nachdem unsere eigens kreierten Mischungen bei Besuchen in Carolines bayerischer Heimat überraschend viel Interesse bekommen, entschließen wir uns nach ausgiebiger Recherche dazu, 3Bears zu gründen.

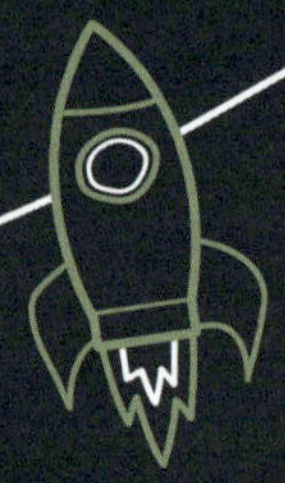

2015

Wir leben 6 Jahre lang in London. Dort entdecken wir auch zum ersten Mal Porridge für uns. Produkte aus dem Supermarkt sind jedoch voll von Zucker und anderen Zusätzen, weshalb wir anfangen, unsere eigenen Sorten aus Vollkorn-Haferflocken und Früchten zu mischen.

2012

2016

Wir experimentieren und tüfteln monatelang an unseren ersten 3 Sorten. Im Oktober folgt die vierte fabelhafte Sorte – 3Bears Porridge *Mohnige Banane*.

Das erste Mal wird 3Bears Porridge an eine große Supermarkt-Kette geliefert.

MAI 2017

OKTOBER 2017

Ein großer Meilenstein für 3Bears – wir gewinnen bei der bekannten TV-Show zwei Löwen als Investoren für uns. **Frank Thelen** und **Judith Williams** stehen uns seitdem mit viel Rat und Tat zur Seite.

2018

Mittlerweile sind wir ein ganzes Team (15+ fleißige Mitarbeiter) an begeisterten Porridge-Frühstückern. Zusammen haben wir schon viel geschafft.

APRIL 2017

Ein dritter Bär stößt zu uns ins 3Bears Team.

Wir haben viel vor mit unserem Porridge und wollen den deutschen Frühstücksmarkt damit revolutionieren. Unserer Vision bleiben wir immer treu: Wir wollen jeden dabei unterstützen, sich gut zu ernähren und ein gesundes Leben zu führen – und zwar so einfach und lecker wie nur möglich!

Frank Thelen

Judith Williams

Haferflocken

Die wichtigste Zutat von Porridge? Haferflocken natürlich! Die Flocken werden aus der Getreideart Avena Sativa (Hafer) hergestellt. Bei Hafer gibt es viele verschiedene Verarbeitungsweisen – beispielsweise „Oatmeal", wobei das Haferkorn zermahlen wird oder „steel-cut oats"; hier wird das Korn in feine Scheiben geschnitten. Wir von 3Bears verwenden stets die sogenannten „rolled oats" – die klassischen Haferflocken. Dabei wird der Hafer in einer Mühle im Schwarzwald gereinigt, gedarrt (getrocknet) und flach gewalzt. Wir schwören auf eine Mischung aus zarten und kernigen Haferflocken. Damit wird das Porridge schön cremig, behält aber trotzdem den kernigen Biss, der 3Bears Porridge ausmacht.

Zarte Haferflocken

Kernige Haferflocken

Bei 3Bears Porridge werden ausschließlich Vollkorn-Haferflocken verarbeitet. Dadurch bleiben ganz viele gute Nährstoffe des Hafers erhalten.

Hafer enthält natürliches Protein und komplexe Kohlenhydrate, die dich lange satt machen und deinen Körper nicht belasten.

Wusstest du, dass all unsere 3Bears Porridge Mischungen in Deutschland hergestellt werden? Unsere Haferflocken kommen aus einer deutschen Traditionsmühle im Schwarzwald.

DIE 3BEARS MISCHUNGEN

Mohnige Banane

Versüßt dir mit fruchtigen Bananen-stücken und Mohn den Morgen.

Fruchtige Kokosnuss

Lässt dich die Aromen des Orients erleben: mit Datteln, Aprikosen, Feigen und Kokosnuss.

Dreierlei Beere

Schmeckt wunderbar b(ä)rig und bringt mit schwarzen Johannisbeeren, Cranberrys und Korinthen Farbe in deine Porridge-Schale!

Zimtiger Apfel

Mit großen aromatischen Apfelstücken, vollendet mit etwas Zimt.

Kerniger Klassiker

Unser wunderbares Vollkorn-Porridge nach Geheimrezept – genieß es pur oder mit frischen Früchten.

MILCH

Mit welcher Flüssigkeit du Porridge zubereitest, ist dir überlassen. Es schmeckt mit Wasser, Milch, Milchersatzprodukten wie Haferdrink oder halb-halb. Probiere doch mal verschiedene Milch- bzw. Drinksorten für dein Porridge aus! Jede(r) Milch/Drink verleiht dem Porridge einen anderen, außergewöhnlichen Geschmack. Bei veganen Produkten solltest du immer auf die Zutatenliste achten. Darin verstecken sich oft wahre Zuckerfallen und Produkte voller Zusätze. Gute Produkte findest du mittlerweile aber in jedem Supermarkt.

GRUNDREZEPT *Porridge für 2*

ZUBEREITUNG IM TOPF

1. 100 g 3Bears Porridge und 300 ml Milch oder Wasser in einem Topf mischen.

2. Etwa 3 Minuten bei mittlerer Hitze köcheln lassen.

3. Umrühren, bis das Porridge eindickt.

4. Das warme Porridge in eine Schale füllen, kurz abkühlen lassen.

ZUBEREITUNG IN DER MIKROWELLE

1. 100 g 3Bears Porridge und 300 ml Milch oder Wasser direkt in einer Schale mischen.

2. Etwa 2 Minuten bei mittlerer Hitze (600 Watt) erwärmen. Umrühren und 1 weitere Minute erhitzen.

3. Kurz ziehen lassen, bis das Porridge wunderbar cremig ist.

GRUNDREZEPT *Overnight Oats für 2*

ZUBEREITUNG

1. 100 g 3Bears Porridge und 200 ml Milch oder Wasser direkt in einer Vorratsdose mischen.

2. In den Kühlschrank stellen und über Nacht (mindestens 6 Stunden) quellen lassen.

3. Am nächsten Morgen direkt aus dem Kühlschrank genießen oder z. B. mit Nüssen, Quark oder Obst verfeinern.

Dreierlei Beere
Minze
Erdbeeren
Sirup
gerästete Pinienkerne
Kirschen
Skyr
Granatapfel-kerne
Mandel-splitter
Chia-Samen

Fruchtige Kokosnuss
Cashew-nusskerne
Kiwis
Aprikosen
Ananas
Feigen
Vanille
Kokos-joghurt
Schmand
geröstete Mandel-blättchen

Mohnige Banane
Macadamianüsse
Vanille-Quark
Mangos
Pistazien
Kakaopulver
Heidelbeeren
Erdbeeren
Walnusskerne
Joghurt

Kerniger Klassiker
Ahornsirup
Kürbiskerne
gemischte Beeren
griechischer Joghurt
Orangen
Sesam
Bananen
Honig

Zimtiger
Apfel
Quark
Haselnuss-
kerne
Mandelmus
Himbeeren
goldene
Leinsamen
Brombeeren
geröstete
Kürbiskerne
Apfel-
scheiben

Porridge

Starte deinen Tag mit einem warmen Frühstück –
für ein gutes (Bauch-)Gefühl und Energie!
Porridge ist ein wahres Feel-Good-Frühstück,
welches nicht belastet und dir bärenstarke
Power für den Tag verleiht.

BANANEN-PORRIDGE
mit Biss

Diese fabelhafte Mischung aus Banane und Kakao schmeckt Groß und Klein.

ZUTATEN

Für 2 Personen
Zubereitungszeit: 10 Min.

100 g 3Bears Porridge
Mohnige Banane

300 ml Haferdrink (ungesüßt)

1 TL Kakaopulver (aus
100 % Kakaobohnen)

FÜR DAS TOPPING

1 Banane

1 EL Pekannusskerne

etwas Kokosöl

1 EL Kakao-Nibs

etwas Kakaopulver (aus
100 % Kakaobohnen)

Kokosblütenzucker,
nach Belieben

ZUBEREITUNG

1. Das Porridge mit Haferdrink und Kakaopulver anrühren und nach dem Grundrezept (siehe S. 13) kochen.

2. Die Banane schälen und längs halbieren.

3. Die Pekannusskerne in einer Pfanne mit dem Kokosöl vorsichtig rösten. Anschließend in der gleichen Pfanne etwas Kokosöl erhitzen und die geschälten Bananenhälften darin rundum kurz anbraten.

4. Das Porridge auf zwei Schalen aufteilen und je eine Bananenhälfte darauflegen.

5. Das Porridge mit gerösteten Nüssen, Kakao-Nibs und etwas Kakaopulver garnieren. Nach Belieben mit etwas Kokosblütenzucker süßen.

VANILLIGES PORRIDGE
aus Griechenland

*Ein herrlich frisches „Urlauber"-Porridge, das wahrhaftig
zu jeder Jahreszeit schmeckt!*

ZUTATEN

Für 2 Personen
Zubereitungszeit: 10 Min.

½ Vanilleschote

100 g 3Bears Porridge
Kerniger Klassiker

300 ml Milch

150 g griechischer Joghurt

1 TL Zitronensaft

2 TL Honig

1 Handvoll Walnusskerne

1 TL Olivenöl

2 TL Sesam

FÜR DIE DEKORATION

1 Handvoll Heidelbeeren

einige Zesten von 1 Bio-Zitrone

etwas Honig

ZUBEREITUNG

1. Die Vanilleschote längs halbieren und das Vanillemark aus einer Hälfte herauskratzen. Das Porridge mit Milch und Vanillemark anrühren und nach dem Grundrezept (siehe S. 13) kochen.

2. Den Joghurt mit Zitronensaft verrühren und den Honig leicht unterheben.

3. Die Walnusskerne hacken. Das Olivenöl in einer Pfanne erhitzen, Nüsse und Sesam darin rösten, bis sie leicht braun sind.

4. Das Porridge auf zwei Schalen aufteilen. Mit Honig-Joghurt bedecken und das Nuss-Rösti darauf verteilen.

5. Die Heidelbeeren waschen. Das Porridge mit ganz dünn gerollten Zitronenzesten, Heidelbeeren und etwas Honig nach Geschmack garnieren.

Fernöstlicher MANGO-PORRIDGE-GENUSS

Lass dich entführen in die fremde Ferne, mit exotisch-würzigen Aromen in der Porridge-Schale.

ZUTATEN

Für 2 Personen
Zubereitungszeit: 10 Min.

100 g 3Bears Porridge Fruchtige Kokosnuss

300 ml Kokosmilch

½ TL frisch geriebene Muskatnuss

½ TL Kardamompulver

1 Prise Ingwerpulver

FÜR DAS TOPPING

1 kleine Mango (ca. 100g)

1 TL schwarzer Sesam

ZUBEREITUNG

1. Das Porridge mit Kokosmilch und Gewürzen anrühren und nach dem Grundrezept (siehe S. 13) kochen.

2. Die Mango schälen, das Fruchtfleisch vom Stein lösen und dann in Stücke schneiden. Eine Hälfte pürieren, die anderen Stücke beiseitelegen.

3. Das Porridge auf zwei Schalen verteilen und das Mango-Püree daraufgeben.

4. Mit schwarzem Sesam und den Mangostücken dekorieren.

TIPP

Serviere das Porridge auch als Dessert für Gäste!

APFELSTRUDEL-PORRIDGE
Der bayerische Klassiker

*Hafer meets Heimat - ein besonderes Porridge-Rezept,
inspiriert von Carolines bayerischen Wurzeln.*

ZUTATEN

Für 2 Personen
Zubereitungszeit: 15 Min.

FÜR DIE VANILLESOSSE

2 Vanilleschoten

200 ml Milch

50 g Sahne

3 Eigelb

1 Prise Salz

40 g brauner Zucker

FÜR DAS PORRIDGE

1 EL Butter

100 g gehobelte Mandeln

1 Apfel

150 ml Apfelsaft

100 g 3Bears Porridge
Zimtiger Apfel

300 ml Milch

ZUBEREITUNG

1. Für die Soße die Vanilleschoten längs aufschneiden und das Mark auskratzen. Beides mit Milch und Sahne in einem Topf aufkochen, dann zur Seite stellen und ziehen lassen.

2. Für das Porridge die Butter zerlassen, die Mandeln darin braun anrösten. Die Hälfte davon herausnehmen und zur Seite stellen. Die andere Hälfte im Topf lassen.

3. Den Apfel waschen, halbieren, entkernen und die Hälfte klein würfeln. Die andere Hälfte für die Deko in dünne Scheiben schneiden. Apfelwürfel und Apfelsaft in den Topf mit den Mandeln geben. Alles erhitzen und offen bei niedriger Hitze 3–5 Minuten einkochen.

4. Die leicht abgekühlte Vanillemilch durch ein Sieb gießen. Die Eigelbe mit 3 Esslöffeln Vanillemilch und Salz mit einem Schneebesen glatt rühren. Restliche Vanillemilch mit Zucker erhitzen. Die Eigelbe unterrühren und bei mittlerer Hitze so lange rühren, bis die Soße eingedickt ist.

5. Inzwischen das Porridge zur Apfel-Mandel-Mischung geben und 3 Minuten einkochen. Das Porridge auf zwei Schalen verteilen und die Soße darübergeben. Mit übrigen Mandeln und Apfelscheiben dekoriert servieren.

TIPP
Carolines Lieblingsrezept – unser Rezept für die World Porridge Making Championships in Schottland!

ERDBEER-PORRIDGE

*Zauberhafte Mischung aus vanilligem Porridge,
süßer Erdbeere und cremigem Mascarpone.*

ZUTATEN

Für 2 Personen
Zubereitungszeit: 10 Min.

½ Vanilleschote

100 g 3Bears Porridge
Kerniger Klassiker

300 ml Milch

8 Erdbeeren

FÜR DAS TOPPING

½ Vanilleschote

150 g Mascarpone

1 EL Pinienkerne

1 EL goldene Leinsamen

1 EL Thymianhonig

ZUBEREITUNG

1. Die Vanilleschote längs halbieren und das Mark herauskratzen. Das Porridge mit Milch und Vanillemark anrühren und nach dem Grundrezept (siehe S. 13) kochen.

2. Die Erdbeeren waschen, putzen und in Scheiben schneiden. Die Hälfte der Erdbeeren zum Porridge geben und unterrühren.

3. Die Vanilleschote für das Topping längs halbieren und das Mark herauskratzen. Den Mascarpone mit Vanillemark verrühren. Pinienkerne und Leinsamen in einer Pfanne ohne Fett leicht anrösten.

4. Das Porridge auf zwei Schalen verteilen. Den Vanille-Mascarpone mit daraufgeben. Das Porridge mit Thymianhonig, Leinsamen und Pinienkernen garniert servieren.

GERÖSTETES PORRIDGE
mit B(ä)renkompott

*Hier sind sich alle drei Bären einig: ein herrlich
buttriges Porridge mit b(ä)renstarkem Topping!*

ZUTATEN

Für 2 Personen
Zubereitungszeit: 20 Min.

FÜR DAS TOPPING

50 g Erdbeeren

50 g Brombeeren

50 g Himbeeren

100 ml Orangensaft, frisch
gepresst

½ TL Zimtpulver

1 Prise frisch geriebene
Muskatnuss

1 EL Agavensirup

FÜR DAS PORRIDGE

1 TL Butter

100 g 3Bears Porridge
Kerniger Klassiker

300 ml Milch

ZUBEREITUNG

1. Für das Topping alle Beeren waschen. Die Erdbeeren putzen,
   die übrigen Beeren verlesen. Alles mit Orangensaft, Zimtpulver,
   Muskat und Agavensirup in einen Topf geben und aufkochen,
   dann bei niedriger Hitze offen 10–15 Minuten eindicken lassen.

2. Für das Porridge die Butter in einem Topf zerlassen und das
   Porridge darin kurz anrösten. Dann die Milch dazugießen, alles
   verrühren und nach dem Grundrezept (siehe S. 13) kochen.

3. Das Porridge auf zwei Schalen verteilen. Das B(ä)renkompott
   darübergeben.

CARROT-CAKE-PORRIDGE
knackig & kernig

Ein britischer Kuchen-Klassiker trifft Porridge und das Ergebnis ist vollwertig und lecker zugleich!

ZUTATEN

Für 2 Personen
Zubereitungszeit: 10 Min.

1 Möhre

100 g 3Bears Porridge Zimtiger Apfel

300 ml Mandeldrink (ungesüßt)

1 EL Rosinen

frisch geriebene Muskatnuss

Ingwerpulver

FÜR DAS TOPPING

1 EL Pistazien

1 EL Pekannusskerne

1 EL Mandelmus (ungesüßt)

1 EL Rosinen

Ahornsirup, nach Belieben

ZUBEREITUNG

1. Die Möhre waschen, schälen und fein raspeln. 1 EL Raspel beiseitelegen. Das Porridge mit Mandeldrink, den Möhrenraspeln, Rosinen, 1 Prise Muskat und Ingwerpulver anrühren und nach dem Grundrezept (siehe S. 13) kochen.

2. Für das Topping die Pistazien und Pekannusskerne in einer Pfanne anrösten, bis sie leicht braun sind.

3. Das Porridge auf zwei Schalen verteilen. Das Mandelmus daraufgeben und mit Rosinen, übrigen Möhrenraspeln und den gerösteten Nüssen toppen. Nach Belieben mit etwas Ahornsirup beträufeln.

SCHOKO-BETE-PORRIDGE

*Nicht nur ein echter Hingucker, sondern auch
eine wahre Gaumenfreude in der Bärenküche!*

ZUTATEN

Für 2 Personen
Zubereitungszeit: 25 Min.

100 g 3Bears Porridge
Dreierlei Beere

300 ml Milch

1 gestrichener TL Rote-Bete-
Pulver

1 TL Kakaopulver (aus 100 %
Kakaobohnen)

FÜR DAS KOMPOTT

100 g Brombeeren
(frisch oder TK)

50 g getrocknete Cranberrys

1 EL Rote-Bete-Pulver

50 ml naturtrüber Apfelsaft

1 Prise Vanillepulver

1 Prise gemahlener Kardamom

FÜR DAS TOPPING

2 EL Joghurt

1 EL Macadamianusskerne,
gehackt

Kakao-Nibs

ZUBEREITUNG

1. Das Porridge mit Milch, Rote-Bete-Pulver und Kakaopulver
    anrühren und nach dem Grundrezept (siehe S. 13) kochen.

2. Für das Kompott die Brombeeren waschen und mit Cranberrys,
    Rote-Bete-Pulver, Apfelsaft, Vanillepulver und Kardamom bei
    niedriger Hitze etwa 20 Minuten einkochen lassen. Dabei gele-
    gentlich umrühren.

3. Das Porridge auf zwei Schalen verteilen. Das Beerenkompott
    auf das Porridge geben und mit Joghurt, gehackten Macadamia-
    nusskernen und Kakao-Nibs garnieren.

Schokoladiges GENIESSERWOCHENENDE- Porridge

Das ist das genau richtige Porridge-Rezept für Ausschlaf-Wochenenden und puren Genuss …

ZUTATEN

Für 2 Personen
Zubereitungszeit: 10 Min.

100 g 3Bears Porridge Fruchtige Kokosnuss

300 ml Mandeldrink (ungesüßt)

1 TL Kakaopulver (aus 100 % Kakaobohnen)

1 Prise Meersalz

FÜR DAS TOPPING

50 g Zartbitterschokolade (70 % Kakaogehalt)

1 EL Kokosöl

1 Banane

2 EL Mandelmus (ungesüßt)

2 EL Pistazien

ZUBEREITUNG

1. Das Porridge mit Mandeldrink, Kakaopulver und Meersalz anrühren und nach dem Grundrezept (siehe S. 13) kochen.

2. Die Zartbitterschokolade mit Kokosöl über einem Wasserbad schmelzen und etwas abkühlen lassen. Dann zur Seite stellen.

3. Die Banane schälen und in Scheiben schneiden.

4. Das Porridge auf zwei Schalen verteilen und mit einem Spiegel aus Mandelmus und Schokosoße anrichten. Die Pistazien hacken. Das Porridge mit den Bananenscheiben und Pistazien garnieren.

FRUCHTIGES PORRIDGE
mit Balsamico-Röstbirnen

Ein außergewöhnliches Rezept für
Porridge-Kenner und -Liebhaber!

ZUTATEN

Für 2 Personen
Zubereitungszeit: 20 Min.

100 g 3Bears Porridge
Fruchtige Kokosnuss

300 ml Nussdrink nach Wahl

FÜR DAS TOPPING

2 Birnen

1 EL Kokosöl

1 Bio-Orange

1 EL Ahornsirup

2 EL Aceto balsamico bianco

2 EL Kürbiskerne

Orangenzesten, nach Belieben

ZUBEREITUNG

1. Für das Topping die Birnen waschen, vierteln und entkernen.

2. Kokosöl in einer Auflaufform im Ofen bei 180 °C Umluft schmelzen. Die Birnenviertel in die Auflaufform geben und von jeder Seite 2–3 Minuten im Ofen unter der Grill-Funktion erhitzen. Dann die Grill-Funktion wieder ausschalten.

3. Die Bio-Orange waschen und die Schale in Zesten mit einem Zestenreißer oder einer kleinen Reibe abreiben. Den Saft auspressen.

4. Ahornsirup, Essig, Orangensaft nach Geschmack sowie Zesten der Orange vermengen. Die Mischung zu den heißen Birnen geben und etwa 10 Minuten backen. Nach der Hälfte der Backzeit die Kürbiskerne darüberstreuen und weitere 5 Minuten backen.

5. Währenddessen das Porridge mit dem Nussdrink deiner Wahl anrühren und nach dem Grundrezept (siehe S. 13) kochen.

6. Das Porridge auf zwei Schalen verteilen und mit den Balsamico-Röstbirnen anrichten. Nach Belieben mit Orangenzesten garnieren.

AVOCADO-PORRIDGE
mit Waldpilzen

*Tim ist begeistert von diesem Rezept: herzhaftes Porridge,
das im Nu gemacht ist!*

ZUTATEN

Für 2 Personen
Zubereitungszeit: 15 Min.

1 Handvoll frischer Blattspinat

100 g 3Bears Porridge
Kerniger Klassiker

150 ml Milch

150 ml Gemüsebrühe

FÜR DAS TOPPING

100 g gemischte Waldpilze
(z. B. Steinpilze)

1 EL Olivenöl

100 g Ziegenfrischkäse

1 Avocado

2 Kirschtomaten

Salz und Pfeffer, nach Belieben

einige Basilikumblätter

ZUBEREITUNG

1. Den Spinat waschen, verlesen und trocken schütteln. Das Porridge mit Milch, Gemüsebrühe und Spinat anrühren und nach dem Grundrezept (siehe S. 13) kochen.

2. Die Waldpilze mit einem Küchentuch vorsichtig abreiben. Das Olivenöl erhitzen und die Pilze darin kurz anbraten.

3. Den Ziegenfrischkäse in grobe Stücke zerbröseln. Avocado halbieren, vom Stein befreien, schälen und in Scheiben schneiden. Tomaten waschen, den Stielansatz entfernen und die Tomaten halbieren.

4. Porridge auf zwei Schalen verteilen. Die Pilz-Mischung auf das Porridge geben und mit Avocadoscheiben, Ziegenkäsestücken und halbierten Kirschtomaten garnieren. Nach Belieben mit Salz und Pfeffer würzen und mit einigen Basilikumblättern anrichten.

ETWAS PORRIDGE-GESCHICHTE

RÖMISCHES REICH

Auch die Römer erkannten die gesundheitlichen Vorteile des Hafers. Ganze Legionen wurden auf ihren Feldzügen mit sogenannten „Hafer-Pasten" ernährt.

ENDE DER EISZEIT

Schon vor 10.000 Jahren fingen wir Menschen an, Hafer zu sammeln und zu verarbeiten. Damals wurde auch das erste Porridge mit Haferkörnern und Wasser gekocht.

MITTELALTER

Die Angelsachsen prägen mit ihrem „Ur-Porridge" die britische Kultur. Das Gericht wurde damals noch „pottage" genannt und vor allem herzhaft mit Gemüse zubereitet.

Porridge wurde zu dieser Zeit als Essen der Armen und Kranken angesehen und verlor so ein wenig seinen „Glamour".

16. JAHRHUNDERT

Die ersten Haferflocken wurden in den USA verpackt und verkauft.

1854

17. JAHRHUNDERT

Schottische Siedler brachten Porridge – oder wie es in den USA oft genannt wird: „Oatmeal" – in die neue Welt nach Nord-Amerika.

20. JAHRHUNDERT

Anfang des Jahrhunderts war Porridge ein beliebtes Gericht, da es nahrhaft und günstig war. Vor allem in Schottland…

1980ER

Das traditionelle britische Frühstück wurde langsam wegen seiner Vorteile für die Gesundheit wiederentdeckt.

ANDERE LÄNDER

Auch in anderen Ländern ist der Frühstücksbrei – in allen Farben und Formen – sehr beliebt. Neben dem klassischen Porridge oder Oatmeal (wie man in den USA sagt) gibt es auch exotische Varianten wie Congee, asiatischer Porridge aus Reis, und indisches Upma, ein würziger Frühstücksbrei aus Grieß.

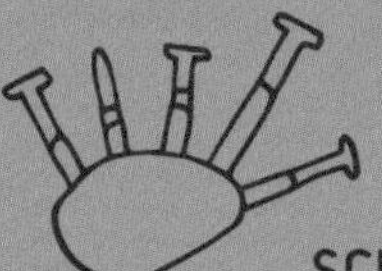

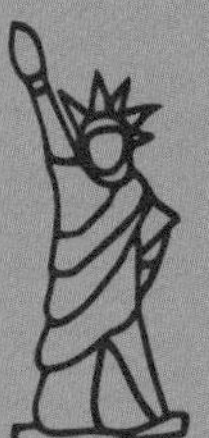

SCHOTTLAND

Hier kommt das klassische Porridge ursprünglich her! Die spezielle Rezeptur mit Hafer, Wasser und Salz wurde nicht nur zum Frühstück gegessen.

USA

Bei den Amerikanern heißt Porridge „Oatmeal" – also „Hafermahlzeit". Diese Art wird aus geschrotetem Hafer oft zubereitet und oft mit Ahornsirup verfeinert.

ENGLAND

Auch im Nachbarland der Schotten ist Porridge sehr beliebt – die Engländer mögen es süß mit etwas braunem Zucker oder Golden Sirup.

INDONESIEN

Im östlichen Asien isst man gerne Reis-Porridge – das sogenannte „Congee".

DEUTSCHLAND

In Zentraleuropa war die „Hafersuppe" bei Arbeiterfamilien sehr beliebt – Hafer macht lange satt und ist nahrhaft.

INDIEN

Das indische „Upma" ist auch eine Art Porridge, welches aus Grieß und verschiedenen Gewürzen zubereitet wird.

Die ersten Golden Spurtle World Porridge Making Championships wurden im kleinen Carrbridge in den schottischen Highlands abgehalten. 2018 nimmt auch 3Bears daran teil!

1994

Spurtle –
Das traditionelle Porridge-

HEUTE

In den letzten Jahren wurde Porridge neu entdeckt und dabei zum gesunden Trend-Frühstück. Porridge ist einfach und schnell zubereitet, enthält Ballaststoffe, komplexe Kohlenhydrate und natürliche Proteine. Ein vollwertiges Frühstück also – für alle, die wenig Zeit haben. Das ist das Erfolgsrezept des Frühstücksklassikers heute.

Bananiges
WHISKEY-PORRIDGE

Nichts für kleine Bären:
beschwipster Porridge-Genuss!

ZUTATEN

Für 2 Personen
Zubereitungszeit: 10 Min.

100 g 3Bears Porridge
Mohnige Banane

300 ml Milch

2 TL Whiskey

FÜR DAS TOPPING

1 Banane

1 EL Rapsöl

1 EL Honig

einige Pistazien

Honig, nach Belieben

ZUBEREITUNG

1. Das Porridge mit Milch und Whiskey anrühren und nach dem Grundrezept (siehe S. 13) kochen.

2. Das Porridge auf zwei Schalen verteilen. Für das Topping die Banane schälen und in Scheiben schneiden. Rapsöl und Honig in einer Pfanne erhitzen und die Bananenscheiben darin leicht braun von beiden Seiten karamellisieren. Die Pistazien hacken. Das Porridge mit Pistazien und nach Belieben mit Honig garnieren.

B(ä)riges
NUSS-PORRIDGE

Bärenstarkes, eiweißreiches Energie-Porridge – ob schon am Morgen oder als gesunder Snack für zwischendurch.

ZUTATEN

Für 2 Personen
Zubereitungszeit: 10 Min.

100 g 3Bears Porridge
Dreierlei Beere

300 ml Mandeldrink (ungesüßt)

FÜR DAS TOPPING

2 EL Magerquark

1 TL Hanfpulver

1 TL Limettensaft

1 EL Erdnussmus (ungesüßt)

1 TL Agavensirup

2 EL Heidelbeeren

ZUBEREITUNG

1. Das Porridge mit Mandeldrink anrühren und nach dem Grundrezept (siehe S. 13) kochen.

2. Für das Topping den Quark mit Hanfpulver, Limettensaft und ungesüßtem Erdnussmus verrühren. Agavensirup leicht unterheben.

3. Das Porridge auf zwei Schalen verteilen. Mit dem Nuss-Quark anrichten. Die Heidelbeeren waschen und das Porridge damit dekorieren.

FRUCHTIGES PORRIDGE
mit Aprikosenmus

*Eine wahrhaftig wunderbare Kombination
aus süßen, sauren und fruchtigen Aromen!*

ZUTATEN

Für 2 Personen
Zubereitungszeit: 15 Min.

100 g 3Bears Porridge
Fruchtige Kokosnuss

300 ml Kokosmilch

1 Prise Ingwerpulver

FÜR DAS TOPPING

2 Aprikosen

etwas Vanillepulver

2 EL Pinienkerne

1 EL Sesam

2 EL Kokoschips

ZUBEREITUNG

1. Das Porridge mit Kokosmilch und Ingwerpulver anrühren und nach dem Grundrezept (siehe S. 13) kochen.

2. Für das Topping die Aprikosen waschen, halbieren, entsteinen und mit etwas Vanillepulver pürieren.

3. Pinienkerne und Sesam in einer Pfanne ohne Fett anrösten, bis sie leicht braun sind.

4. Das Porridge auf zwei Schalen verteilen und mit dem Aprikosen-Fruchtspiegel garnieren. Mit Pinienkernen, Kokoschips und Sesam bestreuen.

EARL-GREY-PORRIDGE
mit Vanille-Orangen-Soße

*Best of British: Ein Festtags-Porridge, das Tim
an seine britischen Wurzeln erinnert.*

ZUTATEN

Für 2 Personen
Zubereitungszeit: 15 Min.

100 g 3Bears Porridge
Kerniger Klassiker

50 g Sahne

150 ml Earl-Grey-Tee

1 EL Agavensirup

FÜR DAS TOPPING

1 Bio-Orange

1 Blutorange

1 EL Agavensirup

½ Vanilleschote

1 Handvoll Mandeln

ZUBEREITUNG

1. Das Porridge mit Sahne, 100 ml Wasser, Earl-Grey-Tee und Agavensirup anrühren und nach dem Grundrezept (siehe S. 13) kochen.

2. Für das Topping die Bio-Orange waschen und die Schale in Zesten abziehen. Blutorange und Orange schälen und klein schneiden. Mit Agavensirup und Vanilleschote in einen Topf geben und aufkochen, dann bei niedriger Hitze zu einer Soße eindicken lassen. Die Mandeln grob hacken.

3. Das Porridge auf zwei Schalen verteilen. Die Orangensoße ohne Vanilleschote darüber geben und das Porridge mit gehackten Mandeln und Orangenzesten dekorieren.

Märchenhaftes
WALDBEEREN-PORRIDGE
mit Fruchtspiegel

Ein herrlich farbenfrohes Porridge voll märchenhafter „Waldbewohner".

ZUTATEN

Für 2 Personen
Zubereitungszeit: 20 Min.

100 g 3Bears Porridge
Dreierlei Beere

300 ml Mandeldrink (ungesüßt)

FÜR DAS TOPPING

200 g Beeren (frisch oder TK,
z. B. Brombeeren, schwarze
Johannisbeeren, Heidelbeeren)

50 ml Johannisbeernektar

1 EL Honig

1 Handvoll Brombeeren

essbare Blüten

ZUBEREITUNG

1. Das Porridge mit Mandeldrink anrühren und nach dem Grundrezept (siehe S. 13) kochen.

2. Die Beeren mit Johannisbeernektar und Honig in einem Topf bei niedriger Hitze etwa 15 Minuten einkochen. Dabei gelegentlich umrühren. Dann mit einem Pürierstab zu einer Fruchtsoße pürieren.

3. Das Porridge auf zwei Schalen verteilen. Das Beerenpürree als Fruchtspiegel daraufgeben. Die Brombeeren waschen. Das Porridge mit Brombeeren und essbaren Blüten dekorieren.

STARKMACHER-PROATS
mit selbst gemachtem B(ä)ren-Quark

ZUTATEN

Für 2 Personen
Zubereitungszeit: 10 Min.

100 g 3Bears Porridge
Dreierlei Beere

200 ml Mandeldrink (ungesüßt)

1 EL Leinsamen

FÜR DEN B(Ä)REN-QUARK

4 EL Heidelbeeren

100 g Magerquark

1 EL Flohsamenschalen

1 TL Honig

FÜR DAS TOPPING

1 Handvoll TK-Beeren, nach
Wahl

1 TL gepuffter Amarant

1 TL grobes Erdnussmus
(ungesüßt)

ZUBEREITUNG

1. Das Porridge mit Mandeldrink, 100 ml Wasser und Leinsamen
   anrühren und nach dem Grundrezept (siehe S. 13) kochen.

2. Die Heidelbeeren waschen und pürieren. Mit Quark, Flohsamenschalen und Honig verrühren.

3. Das Porridge auf zwei Schalen verteilen und mit dem B(ä)ren-
   Quark anrichten. Mit TK-Beeren, Amarant und Erdnussmus
   garnieren.

Frisch-bananiges
LAVENDEL-PORRIDGE

*Ein Hauch Südfrankreich weht
durch die Küche.*

ZUTATEN

Für 2 Personen
Zubereitungszeit: 10 Min.

100 g 3Bears Porridge
Mohnige Banane

300 ml Haferdrink (ungesüßt)

1 TL essbare Lavendelblüten

2 TL Zitronensaft

1 EL Heidelbeeren

FÜR DAS TOPPING

1 EL Heidelbeeren

1 EL Haselnusskerne

2 EL Skyr

1 TL essbare Lavendelblüten

ZUBEREITUNG

1. Das Porridge mit Haferdrink, Lavendelblüten und Zitronensaft anrühren und nach dem Grundrezept (siehe S. 13) kochen. Alle Heidelbeeren, auch die für das Topping, waschen und halbieren. Die Hälfte der Heidelbeeren unterheben.

2. Für das Topping die Haselnusskerne in einer kleinen Pfanne ohne Fett rösten, dann grob hacken. Das Porridge auf zwei Schalen verteilen. Mit restlichen Heidelbeeren, Skyr, Lavendelblüten und gehackten Haselnusskernen dekorieren.

BRATAPFEL-PORRIDGE

Es duftete in der ganzen Bärenküche so herrlich,
dass dieses Rezept Tag ein, Tag aus auf den Tisch kam!

ZUTATEN

Für 2 Personen
Zubereitungszeit: 20 Min.

100 g 3Bears Porridge
Zimtiger Apfel

50 g getrocknete Cranberrys

1 Prise Ingwerpulver

1 Prise Vanillepulver

350 ml Mandeldrink (ungesüßt)

2 Äpfel

50 g Mandeln

Ahornsirup, nach Belieben

ZUBEREITUNG

1. Den Backofen auf 200 °C Ober-/Unterhitze (180 °C Umluft) vorheizen.

2. Das Porridge mit Cranberrys, Ingwer- und Vanillepulver sowie Mandeldrink in einer großen Schüssel mischen. Die Mischung etwa 10 Minuten quellen lassen.

3. Die Äpfel waschen, vom Kerngehäuse befreien und in Scheiben schneiden. Die Mandeln grob hacken.

4. Die Porridge-Mischung in eine kleine Auflaufform geben. Die Apfelscheiben und Mandeln auf dem Porridge verteilen. Die Mischung im heißen Ofen (Mitte) 15–20 Minuten backen.

5. Das Porridge warm und nach Belieben mit Ahornsirup beträufelt servieren.

Gebuttertes NUSS-PORRIDGE
mit Ricotta & Honig

Voll von herrlichen Nuss- und Röstaromen – märchenhaft!

ZUTATEN

Für 2 Personen
Zubereitungszeit: 20 Min.

2 EL Haselnusskerne

2 EL Erdnüsse

1 EL Butter

100 g 3Bears Porridge
Kerniger Klassiker

300 ml Mandeldrink (ungesüßt)

FÜR DAS TOPPING

100 g Ricotta

2 EL Honig

gemischte Nüsse und Beeren,
nach Belieben

ZUBEREITUNG

1. Die Haselnusskerne und Erdnüsse grob hacken. Die Butter in einer Pfanne schmelzen und Porridge und Nüsse kurz darin anrösten. Dabei aufpassen, dass die Mischung nicht anbrennt.

2. Dann den Mandeldrink dazugießen, aufkochen und 3 Minuten köcheln lassen.

3. Das Porridge auf zwei Schalen verteilen. Ricotta und Honig auf das Porridge geben. Das Porridge nach Belieben mit gemischten Nüssen und Beeren anrichten.

Overnight Oats

Die kalte Variante des Porridges, bei der Haferflocken im Kühlschrank quellen. Für Morgenmuffel,
im Sommer oder als Dessert – diese Zuberei-
tungsweise ist noch einfacher. Die Aromen unserer
Fruchtmischungen dürfen sich über Nacht
entfalten. Eine wahrhaftige Geschmackszauberei!

KIRSCHIGE OATS
nach Schwarzwälder Art

Tradition trifft Trend-Frühstück und schmeckt herrlich cremig!

ZUTATEN

Für 2 Personen
Zubereitungszeit: 10 Min.
Kühlzeit: mind. 6 Std.

FÜR DIE OVERNIGHT OATS

100 g 3Bears Porridge
Dreierlei Beere

220 ml Milch

1 TL Kakaopulver (aus 100 %
Kakaobohnen)

1 TL Honig

FÜR DIE KIRSCH- UND JOGHURT-SCHICHT

150 g Sauerkirschen
(aus dem Glas)

150 g Sahnejoghurt

FÜR DAS TOPPING

4 Stück Zartbitterschokolade
(70 % Kakaogehalt)

frische Kirschen

ZUBEREITUNG

1. Das Porridge mit Milch, Kakaopulver und Honig anrühren und nach dem Grundrezept (siehe S. 13) als Overnight Oats zubereiten.

2. Nach mindestens 6 Stunden die Kirschen abtropfen lassen. Die Overnight Oats auf zwei Gläser verteilen. Die Sauerkirschen daraufgeben.

3. Den Sahnejoghurt als dritte Schicht darauflöffeln. Die Zartbitterschokoladenstücke mit einem Messer grob raspeln. Die frischen Kirschen und Schokoraspel auf der Joghurtschicht verteilen.

B(ä)rige CHIA-OVERNIGHT-OATS

*Dieses Rezept aus Carolines Feder liebt Judith Williams besonders:
hübsch anzusehen, lecker und leicht!*

ZUTATEN

Für 2 Personen
Zubereitungszeit: 10 Min.
Kühlzeit: mind. 6 Std.

FÜR DIE OVERNIGHT OATS

80 g 3Bears Porridge
Dreierlei Beere

160 ml Milch

FÜR DEN CHIA-PUDDING

2 EL Chia-Samen

80 ml Milch

FÜR DIE QUARK-SCHICHT

150 g Magerquark

100 g gemischte Beeren

1 EL Agavensirup

FÜR DAS TOPPING

einige Pekannusskerne

ZUBEREITUNG

1. Das Porridge mit der Milch anrühren und nach dem Grundrezept (siehe S. 13) als Overnight Oats zubereiten.

2. Chia-Samen mit Milch anrühren, in einem Gefäß luftdicht verschließen und wie die Oats ziehen lassen.

3. Am nächsten Tag zwei Gläser mit jeweils der Hälfte der Oats befüllen, darauf eine Schicht Chia-Pudding geben.

4. Den Quark mit Beeren und Agavensirup pürieren und als dritte Schicht oben auf den Chia-Pudding löffeln.

5. Mit Pekannusskernen dekorieren und servieren.

Starke Wachmacher
OVERNIGHT OATS

Im Nu verhilft dir dieses Frühstück zu Energie und Kraft am Morgen!

ZUTATEN

Für 2 Personen
Zubereitungszeit: 10 Min.
Kühlzeit: mind. 6 Std.

FÜR DIE OVERNIGHT OATS

2 EL getrocknete Datteln

100 g 3Bears Porridge Kerniger Klassiker

100 ml Haferdrink (ungesüßt)

100 ml starker Kaffee

1 TL Kakaopulver (aus 100 % Kakaobohnen)

1 TL Agavensirup

FÜR DIE SCHOKOSOSSE

50 g Zartbitterschokolade (70 % Kakaogehalt)

1 TL Kokosöl

1 TL Agavensirup, nach Belieben

FÜR DAS TOPPING

1 Handvoll Haselnusskerne

einige Kakao-Nibs

ZUBEREITUNG

1. Die Datteln hacken. Das Porridge mit Haferdrink, Kaffee, Kakaopulver, Agavensirup und den Datteln anrühren und nach dem Grundrezept (siehe S. 13) als Overnight Oats zubereiten.

2. Am nächsten Tag zwei Gläser mit jeweils der Hälfte der Oats befüllen.

3. Die Zartbitterschokolade mit Kokosöl und nach Belieben mit Agavensirup über einem Wasserbad schmelzen.

4. Die Schokosoße über die Overnight Oats geben.

5. Die Haselnusskerne grob hacken. Die Oats mit Kakao-Nibs und gehackten Nüssen dekorieren und servieren.

Goldig-fruchtige OVERNIGHT OATS

*Außergewöhnlich in Farbe und Geschmack –
lass dich verzaubern!*

ZUTATEN

Für 2 Personen
Zubereitungszeit: 10 Min.
Kühlzeit: mind. 6 Std.

FÜR DIE OVERNIGHT OATS

100 g 3Bears Porridge
Fruchtige Kokosnuss

200 ml Kokosmilch

1 gestrichener TL
Kurkumapulver

1 Prise Ingwerpulver

FÜR DIE JOGHURT-SCHICHT

200 g Joghurt

FÜR DIE DEKORATION

½ Orange

1 Granatapfel

1 TL Cashewnusskerne

1 TL Kokosraspel

ZUBEREITUNG

1. Das Porridge mit Kokosmilch, Kurkuma- und Ingwerpulver anrühren und nach dem Grundrezept (siehe S. 13) als Overnight Oats zubereiten.

2. Am nächsten Tag zwei Gläser mit jeweils der Hälfte der Oats befüllen. Den Joghurt auf die Overnight Oats geben.

3. Die Orangenhälfte schälen und in Stücke schneiden. Den Granatapfel halbieren und mit einem Löffel die Kerne herauslösen. Dabei darauf achten, die weißen Trennhäute nicht mitzubenutzen.

4. Die Oats mit Cashewnusskernen, Kokosraspeln, Orangenstücken und Granatapfelkernen dekorieren und servieren.

OVERNIGHT OATS

Ein wahres Highlight für das nächste Frühstück mit Freunden!

ZUTATEN

Für 2 Personen
Zubereitungszeit: 15 Min.
Kühlzeit: mind. 6 Std.

FÜR DIE OVERNIGHT OATS

100 g 3Bears Porridge
Fruchtige Kokosnuss

200 ml Kokosmilch

FÜR DIE VANILLE-QUARK-SCHICHT

½ Vanilleschote

100 g Magerquark

1 TL Honig

FÜR DIE BLAUBEER-QUARK-SCHICHT

1 Handvoll Heidelbeeren

100 g Magerquark

FÜR DIE DEKORATION

1 Feige

einige Heidelbeeren

2 EL Kokosraspel

ZUBEREITUNG

1. Das Porridge mit Kokosmilch anrühren und nach dem Grundrezept (siehe S. 13) als Overnight Oats zubereiten.

2. Am nächsten Tag zwei Gläser mit jeweils der Hälfte der Oats befüllen.

3. Für die Vanille-Quark-Schicht die Vanilleschote längs aufschneiden und das Mark herauskratzen. Das Vanillemark mit Quark und Honig verrühren und als zweite Schicht auf die Oats geben.

4. Für die letzte Schicht die Heidelbeeren waschen, mit dem Quark pürieren und auf die Vanille-Quark-Schicht geben.

5. Für die Dekoration die Feige waschen und achteln. Die Heidelbeeren waschen. Die Oats mit Feigenachteln, Heidelbeeren und Kokosraspeln dekorieren.

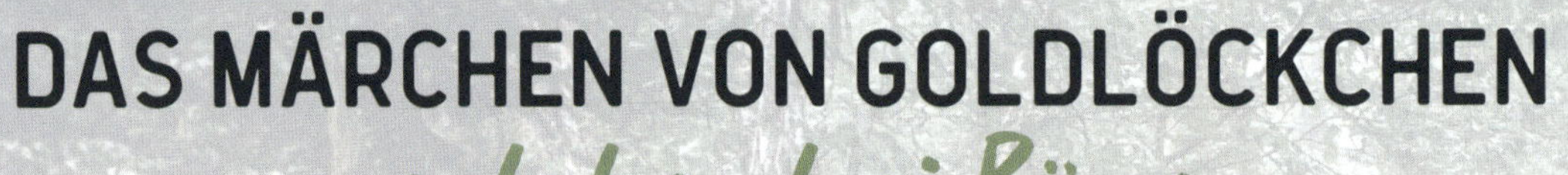

DAS MÄRCHEN VON GOLDLÖCKCHEN
und den drei Bären

Der Name „3Bears" hat seine Wurzeln in einem britischen Märchen aus dem 19. Jahrhundert – „Goldlöckchen und die drei Bären". Alle Kinder in Großbritannien kennen und lieben die Geschichte von der Bärenfamilie und dem kleinen Mädchen.

Es war einmal...

eine dreiköpfige Bärenfamilie, die lebte in einer Hütte tief im Wald. Eines Morgens kochte die Bärenmama Porridge zum Frühstück. Das Porridge war aber noch zu heiß, um es zu essen. Deshalb gingen die drei Bären für einen Spaziergang in den Wald. Während sie fort waren, stieß ein kleines Mädchen, das sich im Wald verlaufen hatte, auf die Bärenhütte. Ihr Name war Goldlöckchen. Neugierig klopfte sie an die Tür, doch keiner antwortete. Also trat sie kurzerhand ein und sah drei Schalen Porridge auf dem Küchentisch stehen. Sie probierte das erste Porridge. „Zu süß!", rief sie laut.

Sie kostete von der zweiten Schale. „Zu breiig!", beschwerte sie sich.

Dann probierte sie von der dritten Schale. „Genau richtig!", murmelte sie lächelnd und aß alles auf.

Entsprechend dieser kleinen Erzählung, mit der viele britische Kinder und auch unser Gründer Tim aufwuchsen, ist es uns zum Ziel geworden, ein Porridge zu kreieren, das genau richtig ist. Für Goldlöckchen, die drei Bären und für dich.

PEANUTBUTTER-DESSERT

Dieser Nachtisch geht so herrlich einfach, ist leichter, da auf Sahne und Creme verzichtet wird, und bringt oft die ganze (Bären)familie zusammen.

ZUTATEN

Für 2 Personen
Zubereitungszeit: 15 Min.
Kühlzeit: mind. 6 Std.

FÜR DIE OVERNIGHT OATS

100 g 3Bears Porridge
Mohnige Banane

200 ml Kokosmilch

FÜR DIE CHEESECAKE-SCHICHT

4 EL Erdnussmus (ungesüßt)

200 g Doppelrahm-Frischkäse

100 g Magerquark

2 EL Honig

2 EL Milch

1 Banane

FÜR DAS TOPPING

80 g Zartbitterschokolade
(70 % Kakaogehalt)

1 EL Sahne

Erdnusskerne

Mohn, nach Belieben

ZUBEREITUNG

1. Das Porridge mit Kokosmilch anrühren und nach dem Grundrezept (Siehe S. 13) als Overnight Oats zubereiten.

2. Am nächsten Tag zwei Gläser mit jeweils der Hälfte der Oats befüllen.

3. Für die Cheesecake-Schicht alle Zutaten bis auf die Banane verrühren und auf die Oats geben. Die Banane schälen, in Scheiben schneiden und auf die Cheesecake-Schicht geben.

4. Für die Schokosoße die Schokolade hacken und mit der Sahne über einem Wasserbad schmelzen. Die Bananenscheiben damit beträufeln.

5. Für die Dekoration die Erdnusskerne hacken und nach Belieben mit Mohn über die Soße streuen.

BLAUBEER-BANANEN-OATS
Cheesecake-Style

*In Windeseile zubereitet – frische Beeren, süße Banane
und cremiger Kokosjoghurt machen dieses Rezept besonders.*

ZUTATEN

Für 2 Personen
Zubereitungszeit: 15 Min.
Kühlzeit: mind. 6 Std.

FÜR DIE OVERNIGHT OATS

100 g 3Bears Porridge
Mohnige Banane

200 ml Milch

FÜR DIE BLAUBEER-CHEESECAKE-SCHICHT

150 g Heidelbeeren

100 g Magerquark

FÜR DIE KOKOS-SCHICHT

150 g Joghurt

1 EL Kokosraspel

1 EL Kokosblütenzucker, nach
Belieben

FÜR DIE KOKOS-SCHICHT

einige Heidelbeeren

½ Banane

ZUBEREITUNG

1. Das Porridge mit Milch anrühren und nach dem Grundrezept (siehe S. 13) als Overnight Oats zubereiten.

2. Am nächsten Tag zwei Gläser mit jeweils der Hälfte der Oats befüllen.

3. Die Heidelbeeren waschen und mit dem Magerquark pürieren. Diese Mischung als zweite Schicht auf die Overnight Oats geben.

4. Den Joghurt mit Kokosraspeln und nach Belieben mit Kokosblütenzucker vermengen und als dritte Schicht auf die Heidelbeer-Schicht löffeln.

5. Die Heidelbeeren waschen. Die Banane schälen und in Scheiben schneiden. Die Oats mit Heidelbeeren und Bananenscheiben dekorieren.

Frische APFEL-OATS mit Kaki-Topping

*Ein besonderes Rezept mit fantastischen Produkten
aus aller Welt: Skyr und Kaki!*

ZUTATEN

Für 2 Personen
Zubereitungszeit: 15 Min.
Kühlzeit: mind. 6 Std.

FÜR DIE OVERNIGHT OATS

100 g 3Bears Porridge
Zimtiger Apfel

200 ml Mandeldrink (ungesüßt)

FÜR DIE FRUCHTSCHICHT

2 Kakis

FÜR DIE
SKYR-HONIG-SCHICHT

200 g Skyr

1 EL Honig

1 Prise Vanillepulver

FÜR DAS TOPPING

einige gehobelte Mandeln

½ Kaki

½ Apfel

ZUBEREITUNG

1. Das Porridge mit Mandeldrink anrühren und nach dem Grundrezept (siehe S. 13) als Overnight Oats zubereiten.

2. Am nächsten Tag zwei Gläser mit jeweils der Hälfte der Oats befüllen.

3. Die Kakis waschen und von den Blättern befreien. Dann in kleine Stücke schneiden und auf die Oats geben.

4. Für die Skyr-Honig-Schicht alle Zutaten verrühren und auf den Kakistücken verteilen.

5. Die gehobelten Mandeln in einer Pfanne ohne Fett kurz anrösten. Kaki und Apfel waschen. Kaki von den Fruchtblättern befreien und in Stücke schneiden. Den Apfel entkernen und in dünne Scheiben schneiden.

6. Die Kakistücke auf die oberste Schicht geben und die Apfelscheiben fächerartig hineinstecken. Mit den gerösteten Mandeln bestreuen.

Frische ZITRONEN-ORANGEN Overnight Oats

Herrlich frisch, leicht und lecker – so startet
Caroline gerne in einen sonnigen Sommertag!

ZUTATEN

Für 2 Personen
Zubereitungszeit: 10 Min.
Kühlzeit: mind. 6 Std.

FÜR DIE OVERNIGHT OATS

100 g 3Bears Porridge
Fruchtige Kokosnuss

200 ml Milch

FÜR DIE
QUARK-ZITRONEN-SCHICHT

½ Bio-Zitrone

200 g Magerquark

2 EL Kokosraspel

FÜR DIE DEKORATION

2 EL Pinienkerne

einige Minzeblätter

2 EL Kokosraspel

ZUBEREITUNG

1. Das Porridge mit Milch anrühren und nach dem Grundrezept (siehe S. 13) als Overnight Oats zubereiten.

2. Am nächsten Tag zwei Gläser mit jeweils der Hälfte der Oats befüllen.

3. Für die zweite Schicht die Zitrone heiß waschen und etwa 1 Esslöffel Schale abreiben. Den Saft der Zitronenhälfte auspressen. Den Quark mit Zitronensaft, Zitronenschale und Kokosraspeln verrühren und auf die Overnight Oats geben.

4. Die Pinienkerne in einer Pfanne ohne Fett anrösten. Einige Minzeblätter waschen und trocken schütteln. Die Oats mit Kokosraspeln, gerösteten Pinienkernen und Minze dekorieren und servieren.

Erdbeeriges APFEL-OATS-DESSERT

„So esse ich Obst am liebsten", meinte der kleine Bär und grinste zufrieden.

ZUTATEN

Für 2 Personen
Zubereitungszeit: 10 Min.
Kühlzeit: mind. 6 Std.

FÜR DIE OVERNIGHT OATS

100 g 3Bears Porridge
Zimtiger Apfel

200 ml Mandeldrink (ungesüßt)

FÜR DEN FRUCHTSALAT

1 Apfel

50 g Erdbeeren

1 TL Zitronensaft

1 TL Honig

FÜR DIE MASCARPONE-SCHICHT

½ Bio-Zitrone

60 g Mascarpone

FÜR DIE DEKORATION

1 EL Haselnusskerne

2 Erdbeeren

½ Apfel

ZUBEREITUNG

1. Das Porridge mit Mandeldrink anrühren und nach dem Grundrezept (siehe S. 13) als Overnight Oats zubereiten.

2. Am nächsten Tag zwei Gläser mit jeweils der Hälfte der Oats befüllen.

3. Den Apfel waschen, vierteln, entkernen und in kleine Stücke schneiden. Die Erdbeeren waschen, putzen und ebenfalls klein schneiden. Zitronensaft und Honig untermischen. Den Fruchtsalat auf den Oats verteilen.

4. Für die Mascarpone-Schicht die Zitrone heiß waschen und etwas Schale abreiben. 1 Esslöffel Saft der Zitronenhälfte auspressen. Den Mascarpone mit Zitronenschale und Zitronensaft verrühren und auf den Fruchtsalat geben.

5. Die Haselnusskerne grob hacken und in einer Pfanne ohne Fett kurz anrösten und über die Mascarpone-Schicht streuen.

6. Die Erdbeeren waschen, putzen, halbieren und die Oats damit dekorieren. Den Apfel entkernen und in dünne Scheiben schneiden. Die Apfelscheiben fächerartig die Mascarpone-Schicht stecken.

Backen

Aus unseren 3Bears Porridge Sorten lässt sich so viel mehr zaubern als „nur" Porridge oder Overnight Oats. Hier findest du Backrezepte und Schlemmereien für ganz besondere Tage.

Mohnig-nussiges BANANENBROT

Bei diesem Banana Bread schlägt Judith Williams' Herz höher!

ZUTATEN

Für 1 Kastenform (25 cm)
Zubereitungszeit: 30 Min.
Backzeit: ca. 50 Min.

150 g 3Bears Porridge Mohnige Banane

170 g Buttermilch

1 Ei

60 g Rapsöl

70 g brauner Zucker

170 g Mehl (Type 405)

¼ TL Natron

1 Prise Meersalz

1 TL Backpulver

etwas frisch geriebene Muskatnuss

2½ reife Bananen

1 EL Kürbiskerne

ZUBEREITUNG

1. Das Porridge mit der Buttermilch verrühren und zur Seite stellen. Den Backofen auf 175 °C Ober-/Unterhitze (160 °C Umluft) vorheizen. Den Boden der Kastenform mit Backpapier auslegen.

2. Das Ei mit Rapsöl und Zucker schaumig schlagen. Mehl, Natron, Meersalz, Backpulver und Muskat dazugeben und unterrühren.

3. 1½ Bananen schälen und leicht zerdrücken. Die Porridge-Buttermilch-Mischung und die zerdrückten Bananen unter den Teig heben.

4. Die übrige Banane schälen und längs halbieren. Den Teig in die Form füllen und glatt streichen. Die Bananenhälften darauflegen und die Kürbiskerne darüberstreuen.

5. Im heißen Ofen (Mitte) 45–50 Minuten backen. Dann auf einem Kuchengitter auskühlen lassen.

FESTTAGSTORTE

Für besondere Tage, besondere Anlässe, besondere Menschen und jeden, der vollwertig schlemmen mag!

ZUTATEN

Für 1 Springform (ø 26 cm)
Zubereitungszeit: 45 Min.
Backzeit: ca. 50 Min.

FÜR DEN TEIG

250 g 3Bears Porridge Fruchtige Kokosnuss

100 g Buttermilch

3 EL Zitronensaft

100 g Butter

2 Eier

100 g Kokosblütenzucker

100 g Mandelmehl

1 Pck. Backpulver

6 EL Rum

100 g gemahlene Mandeln

FÜR DAS TOPPING

250 g Mascarpone

1 EL Zitronensaft

1 EL Kokosblütenzucker

1 EL Kokosraspel

2 Feigen

2 Aprikosen

Kokoschips

ZUBEREITUNG

1. Den Backofen auf 175 °C Ober-/Unterhitze (160 °C Umluft) vorheizen. Den Boden der Springform mit Backpapier auslegen.

2. Das Porridge in einer Schale mit Buttermilch und Zitronensaft anrühren und zur Seite stellen.

3. Die Butter in einem Topf oder in der Mikrowelle zerlassen. Eier, Kokosblütenzucker und Butter in einer großen Schüssel schaumig schlagen. Mandelmehl und Backpulver dazugeben und unterrühren. Den Rum und die gemahlenen Mandeln ebenfalls unterrühren. Zuletzt die Porridge-Mischung untermischen.

4. Die Masse in die Form füllen und glatt streichen. Im heißen Ofen (Mitte) 45–50 Minuten backen. Dann auf einem Kuchengitter auskühlen lassen und aus der Form stürzen.

5. Den Mascarpone mit Zitronensaft, Kokosblütenzucker und Kokosraspeln verrühren und die Creme gleichmäßig auf den abgekühlten Kuchen streichen.

6. Die Feigen waschen und vierteln. Die Aprikosen waschen, vierteln und entsteinen. Den Kuchen mit Feigen, Aprikosen und Kokoschips dekorieren.

APFEL-GRANOLA

*Granola lässt sich aus allen leckeren 3Bears Porridge Sorten zaubern.
Im Handumdrehen wird daraus gesunder Knusper-Spaß!*

ZUTATEN

Für 1 großes Schraubglas
Zubereitungszeit: 10 Min.
Backzeit: 10 Min.

3 EL Agavensirup

60 g Kokosöl

60 g Mandeln

100 g 3Bears Porridge
Zimtiger Apfel

ZUBEREITUNG

1. Den Backofen auf 175 °C Ober-/Unterhitze (160 °C Umluft) vorheizen. Ein Backblech mit Backpapier auslegen.

2. Agavensirup und Kokosöl in einen kleinen Topf geben und erwärmen. Die Mandeln grob hacken. Porridge und Mandeln in einer Schüssel vermischen. Die Agavensirup-Kokosöl-Mischung dazugießen und untermischen, bis alles glänzt!

3. Die Masse auf das Backblech geben, gleichmäßig verteilen und im heißen Ofen (Mitte) etwa 5 Minuten backen. Das Granola herausnehmen, wenden und weitere 5 Minuten backen.

4. Das Granola abkühlen lassen. Dann in ein großes Schraubglas füllen und das Glas luftdicht verschließen. So hält sich das Granola etwa 2 Wochen.

KÄSIG-WÜRZIGE SCONES
fürs English Breakfast

*Der britische Klassiker würzig-vollwertig umgesetzt –
herrlich einfach und lecker für Picknick, Brunch oder Brotzeit.*

ZUTATEN

Für ca. 12 Stück
Zubereitungszeit: 10 Min.
Backzeit: ca. 10–15 Min.

75 g Cheddar

200 g Mehl (Type 405)

1 TL Natron

1 TL Backpulver

50 g kalte Butter

25 g 3Bears Porridge
Kerniger Klassiker

150 ml Milch

ZUBEREITUNG

1. Den Backofen auf 175 °C Ober-/Unterhitze (160 °C Umluft) vorheizen. Ein Backblech mit Backpapier auslegen.

2. Den Käse fein reiben. Mit Mehl, Natron, Backpulver, kalter Butter, Porridge und Milch in eine Schüssel geben und mit den Knethaken des Handrührgeräts zu einem glatten Teig verarbeiten.

3. Den Teig auf einer bemehlten Arbeitsfläche 1–2 cm dick ausrollen. Aus dem Teig mit einem Glas 12 Kreise (Ø 7 cm) ausstechen. Die Teigkreise mit etwas Abstand auf das Blech legen, mit Wasser bepinseln und im heißen Ofen (Mitte) 10–15 Minuten backen.

Kerniges HAFERBROT

Die ganze Bärenfamilie und das 3Bears Büro ist gleichermaßen begeistert von diesem vitalen Sattmacher-Brot!

ZUTATEN

Für 1 Kastenform (25 cm)
Zubereitungszeit: 20 Min.
Ruhezeit: 3 Std.
Backzeit: 40 Min.

100 g 3Bears Porridge Kerniger Klassiker

100 g Hafermehl (Kerniger Klassiker, gemahlen)

100 g Dinkelmehl

100 g Vollkornmehl

1 Pck. Trockenhefe

1 EL Salz

1 TL brauner Zucker

25 g kalte Butter

100 g Buttermilch

ZUBEREITUNG

1. Den Backofen auf 175 °C Ober-/Unterhitze (160 °C Umluft) vorheizen. Den Boden der Kastenform mit Backpapier auslegen.

2. Die trockenen Zutaten auf eine Arbeitsfläche geben, mischen und etwas anhäufeln. In die Mitte der Mischung eine Mulde drücken.

3. Die kalte Butter in Stückchen schneiden und mit Buttermilch, 150 ml warmem Wasser in die Mulde geben. Alles mit den Händen zu einem Teig kneten. Den Teig abgedeckt an einem warmen Ort 2–3 Stunden gehen lassen.

4. Dann den Teig durchkneten, in die Form geben und im heißen Ofen (Mitte) 30–40 Minuten backen. Nach der Hälfte der Backzeit das Brot mit etwas Wasser bestreichen und fertig backen. Dann das Brot auf einem Kuchengitter auskühlen lassen.

Ein Wunder der Natur

Was wäre Porridge ohne seine wichtigste Zutat: Hafer! Die Qualität des Hafers ist die Basis einer guten Schale Porridge. Deswegen beziehen wir unsere 3Bears Haferflocken auch aus einer deutschen Traditionsmühle im Schwarzwald. Diese ist schon seit dem 17. Jahrhundert in Familienbesitz. Der geerntete Hafer wird in der Mühle gereinigt, gedarrt (getrocknet) und gewalzt. So wird aus dem Haferkorn eine Haferflocke. Bei Vollkorn-Haferflocken wird nur die äußerste Schale des Korns entfernt. Alle anderen Schichten des Haferkorns bleiben aber erhalten. Und diese haben es in sich! Sie enthalten wertvolle Nährstoffe und Vitamine.

WARUM IST HAFER SO BESONDERS?

So mancher bezeichnet Haferflocken als echtes „Superfood". Sie enthalten wenig Zucker, sind reich an ungesättigten Fettsäuren und versorgen den Körper mit vielen Mineralstoffen wie Magnesium oder Eisen. Dank der komplexen Kohlenhydrate im Hafer bleibst du lange satt und dein Blutzuckerspiegel ist ausgeglichen.

Haferflocken enthalten viele Ballaststoffe, die sättigen, ohne den Körper zu belasten. Viele Studien schreiben Hafer eine positive Wirkung auf die Darmgesundheit zu.

Hafer enthält natürliches Protein, dafür aber wenig Fett, weshalb auch Sportler begeistert von Porridge sind. Auch Veganer und Vegetarier schätzen Haferflocken als pflanzliche Eiweißquelle!

PORRIDGE-BARS

*Der Bären liebster Snack für ihren Spaziergang
durch den Wald.*

ZUTATEN

Für 12 Porridge-Bars
Zubereitungszeit: 25 Min.
Backzeit: ca. 20–25 Min.

200 g getrocknete Datteln

80 g Erdnussmus (ungesüßt)

2 EL Orangensaft

80 g Haselnusskerne

150 g 3Bears Porridge
Dreierlei Beere

ZUBEREITUNG

1. Den Backofen auf 175 °C Ober-/Unterhitze (160 °C Umluft) vorheizen. Ein Backblech mit Backpapier auslegen.

2. Die Datteln in eine Schüssel geben, mit 200 ml heißem Wasser übergießen und 10 Minuten einweichen. Die Datteln abgießen und pürieren.

3. Das Erdnussmus über einem heißen Wasserbad schmelzen. Das Dattelpüree mit Erdnussmus und Orangensaft verrühren.

4. Die Haselnusskerne grob hacken und mit dem Porridge mischen. Die Mischung unter die feuchte Masse rühren.

5. Die zähe Masse auf dem Blech verteilen, mit Backpapier belegen und mit dem Nudelholz etwa 1 cm dick ausrollen.

6. Das obere Backpapier nicht abziehen und die Masse im heißen Ofen (Mitte) 15–25 Minuten backen. Herausnehmen und sofort mit einem nassen, scharfen Messer vorsichtig in gleich große Riegel schneiden.

CHILI-CRUNCH

*So zauberhaft einfach kann leckeres und gesundes Snacken sein –
da greift auch Frank Thelen gerne mal zu!*

ZUTATEN

Für 1 großes Schraubglas
Zubereitungszeit: 10 Min.
Backzeit: ca. 10 Min.

50 g 3Bears Porridge
Kerniger Klassiker

70 g Kernemischung (Kürbiskerne, Sesam, Pinienkerne,
Sonnenblumenkerne)

100 g Nussmischung (z.B. Pistazien, Cashewnusskerne, Erdnusskerne, Mandeln)

FÜR DIE MARINADE

1–2 TL Chiliflakes

1 TL Salz

1 TL edelsüßes Paprikapulver

2 TL Sojasoße

2 TL Ahornsirup

2 TL Rapsöl

1 Eiweiß

ZUBEREITUNG

1. Den Backofen auf 175 °C Ober-/Unterhitze (160 °C Umluft) vorheizen. Ein Backblech mit Backpapier auslegen.

2. Alle Zutaten in einer Schüssel vermischen. Für ein besonderes
Aroma die Mischung nach Belieben mehrere Stunden ruhen
lassen. Dann die Mischung auf das Blech geben, gleichmäßig
verteilen und im heißen Ofen auf mittlerer Stufe 5 Minuten
backen. Danach herausnehmen, wenden und weitere 5 Minuten backen.

3. Den Crunch abkühlen lassen. Dann in ein großes Schraubglas
füllen und luftdicht verschließen. So hält sich der Chili-Crunch
etwa 2 Wochen.

Fruchtige PORRIDGE-BALLS

*Ein fantastisch gesunder Snack aus Frucht und Haferflocken –
für den genau richtigen Energie-Kick!*

ZUTATEN

Für 15–20 Stück
Zubereitungszeit: 30 Min.

120 g getrocknete Datteln

120 g 3Bears Porridge
Fruchtige Kokosnuss

2 EL Kokosmilch

etwas Schale 1 Bio-Orange

50 g gemahlene Mandeln

15 g Chia-Samen

100 g Erdnussmus (ungesüßt)

ZUM WÄLZEN

Sesam

Kokosraspel

Kakaopulver (aus 100 %
Kakaobohnen)

ZUBEREITUNG

1. Die Datteln in eine Schüssel geben, mit heißem Wasser übergießen und 10 Minuten einweichen. Die Datteln abgießen und pürieren.

2. Das Porridge in einem Standmixer mahlen und mit Kokosmilch, etwas Orangenschale, gemahlenen Mandeln und Chia-Samen mischen.

3. Das Erdnussmus in einem kleinen Topf oder in der Mikrowelle vorsichtig erwärmen. Mit dem Dattelpüree und der Porridge-Mischung verrühren.

4. Aus der Masse kleine Bällchen formen und diese in Sesam, Kokosraspel oder Kakaopulver wälzen. Die Balls bis zum Verzehr in den Kühlschrank stellen. So bleiben sie etwa eine Woche lang frisch.

TIPP

Auch mal mit den Porridge-Sorten Zimtiger Apfel oder Mohnige Banane probieren!

BLUEBERRY-BANANA
Porridge-Muffins

ZUTATEN

Für ca. 12 Muffins
Zubereitungszeit: 30 Min.
Backzeit: ca. 50 Min.

100 g 3Bears Porridge
Mohnige Banane

160 g Buttermilch

70 g Kokosblütenzucker

1 Ei

60 g Butter

70 g Cashewnusskerne

100 g Mehl (Type 405)

1 TL Backpulver

1 Prise Salz

etwas Vanillepulver

1 sehr reife Banane

70 g frische Heidelbeeren

einige Haferflocken

Puderzucker, nach Belieben

ZUBEREITUNG

1. Das Porridge mit der Buttermilch in einer Schüssel mischen und zur Seite stellen. Den Backofen auf 175 °C Ober-/Unterhitze (160 °C Umluft) vorheizen. Die Mulden eines 12er-Muffinblechs mit Backpapier auslegen.

2. Den Kokosblütenzucker mit Ei und Butter in einer Schüssel schaumig schlagen.

3. Die Cashewnusskerne grob hacken und in einer zweiten Schüssel mit Mehl, Backpulver, Salz, etwas Vanillepulver vermischen. Die Banane schälen, zerdrücken und untermischen. Die Mischung unter die Ei-Butter-Masse rühren. Die Heidelbeeren waschen und unterheben.

4. Den Teig in die Mulden des Muffinblechs füllen und mit Haferflocken bestreuen. Im heißen Ofen (Mitte) 45–50 Minuten backen. Nach Belieben nach dem Backen mit Puderzucker bestäuben. Dann auf einem Kuchengitter auskühlen lassen und servieren.

TIPP

Halbiere die Muffins nach dem Backen und fülle Sie mit dem Topping aus dem Rezept „Beschwipste Festtagstorte" (siehe S. 90).

Fruchtige PORRIDGE-COOKIES

Ein Rezept, mit dem Caroline schon viele Freunde glücklich gemacht hat: ein vollwertig-leckerer Cookie-Genuss!

ZUTATEN

Für ca. 15–20 Cookies
Zubereitungszeit: 30 Min.
Backzeit: ca. 12 Min.
Kühlzeit: 1 Std.

100 g Mandeln

50 g weiche Butter

80 g Kokosblütenzucker

1 Ei

80 g Vollkornmehl

80 g Mehl (Type 405)

1 TL Natron

1 TL Backpulver

1 Prise Salz

200 g 3Bears Porridge
Fruchtige Kokosnuss

50 g Erdnussmus (ungesüßt)

ZUBEREITUNG

1. Die Mandeln hacken. Die weiche Butter mit Kokosblütenzucker und Ei schaumig schlagen. Die beiden Mehlsorten, Natron, Backpulver, Salz und Porridge dazugeben. Alles mit den Knethaken des Handrührgeräts unterkneten. Das Erdnussmus einarbeiten und den Knetteig etwa 5 Minuten lang durchkneten. Die Mandeln unter den Teig kneten.

2. Aus dem Teig eine etwa 30 cm lange Rolle formen, diese in Frischhaltefolie wickeln und mindestens 1 Stunde in den Kühlschrank legen.

3. Den Backofen auf 200 °C Ober-/Unterhitze (180 °C Umluft) vorheizen. Zwei Backbleche mit Backpapier auslegen.

4. Die Teigrolle mit einem scharfen Messer in etwa 1 cm dicke Scheiben schneiden. Die Teigscheiben mit etwas Abstand auf die Bleche verteilen. Dann hintereinander im heißen Ofen Mitte) jeweils in 12 Minuten goldbraun backen.

3 Bears

Smoothies

Smoothies sind ideal, um aus unseren Haferflocken-Mischungen ein gesundes Getränk zu zaubern! Die erfrischenden Drinks schmecken immer, nicht nur im Sommer.

Zitronen BANANEN-SMOOTHIE

ZUTATEN

Für 2 Smoothies
Zubereitungszeit: 5 Min.

50 g 3Bears Porridge
Mohnige Banane

½ Zitrone

1 reife Banane

100 g Buttermilch

300 ml Milch

1 EL Agavensirup

ZUBEREITUNG

1. Das Porridge in einem Standmixer etwas zerkleinern. Den Saft der Zitrone auspressen.

2. Die Banane schälen und grob in Stücke schneiden. Mit Porridge, Buttermilch, Milch, und Zitronensaft in einen Standmixer geben und sehr fein pürieren.

3. Den Smoothie mit Agavensirup süßen. Wenn der Smoothie zu dickflüssig ist, etwas Wasser untermixen. Smoothie in Flaschen oder in Gläsern servieren.

Green-Mango SMOOTHIE

ZUTATEN

Für 2 Smoothies
Zubereitungszeit: 5 Min.

50 g 3Bears Porridge
Mohnige Banane

1 Mango

1 Banane

½ Gurke

1 Avocado

200 g frischer Spinat

400 ml Kokoswasser

1 EL Limettensaft

ZUBEREITUNG

1. Das Porridge in einem Standmixer etwas zerkleinern.

2. Mango und Banane schälen und in Stücke schneiden. Die Gurke waschen und in Stücke schneiden. Die Avocado halbieren, den Stein entfernen und grob in Stücke schneiden. Den Spinat waschen, verlesen und trocken schleudern.

3. Obst und Gemüse mit dem Porridge, Kokoswasser und Limettensaft in einen Standmixer geben und sehr fein pürieren.

4. Wenn der Smoothie zu dickflüssig ist, etwas Wasser untermixen. Smoothie in Flaschen oder in Gläsern servieren.

TIPP

Für noch mehr Frucht und
Süße kannst du noch eine
Orange hinzufügen.

Schokoladiger PORRIDGE-SMOOTHIE

ZUTATEN

Für 2 Smoothies
Zubereitungszeit: 10 Min.
Kühlzeit: 6 Std.

50 g 3Bears Porridge
Fruchtige Kokosnuss

400 ml Milch

1 Bio-Orange

½ Zitrone

1 EL Kakaopulver (aus
100 % Kakaobohnen)

100 g Joghurt

ZUBEREITUNG

1. Das Porridge mit 100 ml Milch anrühren und nach dem Grundrezept (siehe S. 13) als Overnight Oats zubereiten. Über Nacht (mindestens 6 Stunden) im Kühlschrank quellen lassen.

2. Am nächsten Morgen die Orange heiß waschen und etwas Schale abreiben. Dann die Orange schälen und in grobe Stücke schneiden. Den Saft der Zitrone auspressen.

3. Die Overnight Oats mit Kakaopulver, Orangenschale und Orangenstücken, Zitronensaft, 300 ml Milch und Joghurt pürieren.

4. Wenn der Smoothie zu dickflüssig ist, etwas Wasser untermixen. Smoothie in Flaschen oder in Gläsern servieren.

Veganer Schoko- BANANEN-SMOOTHIE

ZUTATEN

Für 2 Smoothies
Zubereitungszeit: 5 Min.

50 g 3Bears Porridge
Mohnige Banane

1 reife Banane

500 ml Reisdrink (ungesüßt)

1 TL Kakaopulver (aus 100 %
Kakaobohnen)

1 TL Kakao-Nibs

1 TL Flohsamenschalen

1 Handvoll Eiswürfel

ZUBEREITUNG

1. Das Porridge in einem Standmixer etwas zerkleinern.

2. Die Banane schälen und in grobe Stücke schneiden. Porridge, Reisdrink, Banane, Kakaopulver, Kakao-Nibs und Flohsamenschalen in einen Standmixer geben und sehr fein pürieren.

3. Wenn der Smoothie zu dickflüssig ist, etwas Wasser untermixen. Smoothies in Flaschen oder in Gläsern mit den Eiswürfeln servieren.

Schokoladiger
Porridge-Smoothie

Veganer
Schoko-Bananen-
Smoothie

TIPP
Statt Flohsamenschalen
eignen sich auch Chia-Samen!

GOLDEN-MILK-SMOOTHIE

ZUTATEN

Für 2 Smoothies
Zubereitungszeit: 5 Min.

50 g 3Bears Porridge
Fruchtige Kokosnuss

1 Mango

200 g Ananas

½ Limette

200 ml Kokosmilch

200 ml Kokoswasser

½ TL Kurkumapulver

1 Prise Ingwerpulver

1 Handvoll Eiswürfel

ZUBEREITUNG

1. Das Porridge in einem Standmixer etwas zerkleinern.

2. Mango und Ananas schälen und in grobe Stücke schneiden. Den Saft der Limette auspressen.

3. Porridge, Kokosmilch, Kokoswasser, das Obst, Limettensaft, Kurkuma- und Ingwerpulver in einen Standmixer geben und sehr fein pürieren.

4. Wenn der Smoothie zu dickflüssig ist, etwas Wasser untermixen. Smoothie in Flaschen oder in Gläsern mit den Eiswürfeln servieren.

HONIGMILCH

ZUTATEN

Für 2 Smoothies
Zubereitungszeit: 5 Min.

30 g 3Bears Porridge
Kerniger Klassiker

400 ml Haferdrink (ungesüßt)

1 TL Zitronensaft

etwas Vanillepulver

etwas frisch geriebene
Muskatnuss

3 EL Honig

ZUBEREITUNG

1. Das Porridge in einem Standmixer etwas zerkleinern.

2. Porridge mit Haferdrink, Zitronensaft und Gewürzen pürieren.

3. Die Mischung in einem Topf oder in der Mikrowelle erwärmen.

4. Den Mix in zwei Gläser oder Tassen füllen und den Honig einrühren.

Goldlöckchens
Golden-Milk-Smoothie
Warm-würzige
Honigmilch
TIPP
Für den Extra-Kick:
Gib frischen Ingwer zur
Honigmilch dazu!

APFEL-ZIMT-SMOOTHIE

ZUTATEN

Für 2 Smoothies
Zubereitungszeit: 5 Min.

40 g 3Bears Porridge
Zimtiger Apfel

1 Apfel

1 Orange

½ Vanilleschote

500 ml Milch

1 EL goldene Leinsamen

1 TL Mandelmus

1 Handvoll Crushed Ice

ZUBEREITUNG

1. Das Porridge in einem Standmixer etwas zerkleinern.

2. Den Apfel waschen, vierteln, entkernen und in grobe Stücke schneiden. Die Orange schälen und ebenfalls grob klein schneiden.

3. Die Vanilleschote längs halbieren und das Vanillemark herauskratzen. Mit Apfel- und Orangenstücke, Porridge, Milch, Leinsamen und Mandelmus in einen Standmixer geben und sehr fein pürieren.

4. Wenn der Smoothie zu dickflüssig ist, etwas Wasser untermixen. Smoothie in Flaschen oder in Gläsern mit dem Crushed Ice servieren.

KRAFTSPENDER

ZUTATEN

Für 2 Smoothies
Zubereitungszeit: 5 Min.
Kühlzeit: 6 Std.

50 g 3Bears Porridge
Zimtiger Apfel

400 ml Mandeldrink

1 TL Haselnusskerne

1 TL Erdnussmus (ungesüßt)

4 EL Skyr

2 EL Ahornsirup

etwas Muskatnusspulver

ZUBEREITUNG

1. Das Porridge mit 100 ml Mandeldrink anrühren und nach dem Grundrezept (siehe S. 13) als Overnight Oats zubereiten. Über Nacht (mindestens 6 Stunden) im Kühlschrank quellen lassen.

2. Am nächsten Morgen die Overnight Oats mit 300 ml Mandeldrink, 100 ml Wasser, Haselnusskernen, Erdnussmus und Skyr in einen Standmixer geben und sehr fein pürieren.

3. Smoothie mit Ahornsirup süßen. In Flaschen oder in Gläsern mit etwas Muskat bestreut servieren.

Fruchtiger
Apfel-Zimt-
Smoothie
Nussiger
Kraftspender

Judith Williams'
BEAUTY-SMOOTHIE

ZUTATEN

Für 2 Smoothies
Zubereitungszeit: 5 Min.

50 g 3Bears Porridge
Dreierlei Beere

250 g gemischte Beeren

1 Orange

Agavensirup

1 EL getrocknete Goji-Beeren

400 ml Kokosmilch

100 g Magerquark

ZUBEREITUNG

1. Das Porridge in einem Standmixer etwas zerkleinern.

2. Die Beeren waschen und verlesen. Die Orange schälen und in grobe Stücke schneiden.

3. Beeren, Orangenstücke, 1 Esslöffel Agavensirup, Porridge, Goji-Beeren, Kokosmilch und Quark in einen Standmixer geben und sehr fein pürieren.

4. Smoothie nach Bedarf mit etwas Agavensirup nachsüßen und in Flaschen oder in Gläser füllen. Die Kerne aus dem Granatapfel lösen. Einige Beeren waschen. Smoothie mit Granatapfelkernen und Beeren dekoriert servieren.

Tropischer
KOKOS-SMOOTHIE

ZUTATEN

Für 2 Smoothies
Zubereitungszeit: 5 Min.

50 g 3Bears Porridge
Fruchtige Kokosnuss

2 reife Aprikosen

200 g Ananas

350 ml Kokosmilch

1 EL Chia-Samen

2 EL Kokosjoghurt

Eiswürfel

ZUBEREITUNG

1. Das Porridge in einem Standmixer etwas zerkleinern.

2. Die Aprikosen waschen, halbieren und entsteinen. Die Ananas schälen. Beides in grobe Stücke schneiden.

3. Obst, Porridge, Kokosmilch, Chia-Samen und Kokosjoghurt in einen Standmixer geben und sehr fein pürieren.

4. Wenn der Smoothie zu dickflüssig ist, etwas Wasser untermixen. Smoothie mit Agavensirup süßen. In Flaschen oder in Gläsern mit Eiswürfeln und mit einigen Kokosraspeln bestreut servieren.

Judith Williams'
Beauty-Smoothie

Tropischer
Kokos-Smoothie

TIPP

Serviere diesen Smoothie
eiskalt auf gecrushtem Eis!

3Bears
PORRIDGE
GENAU RICHTIG

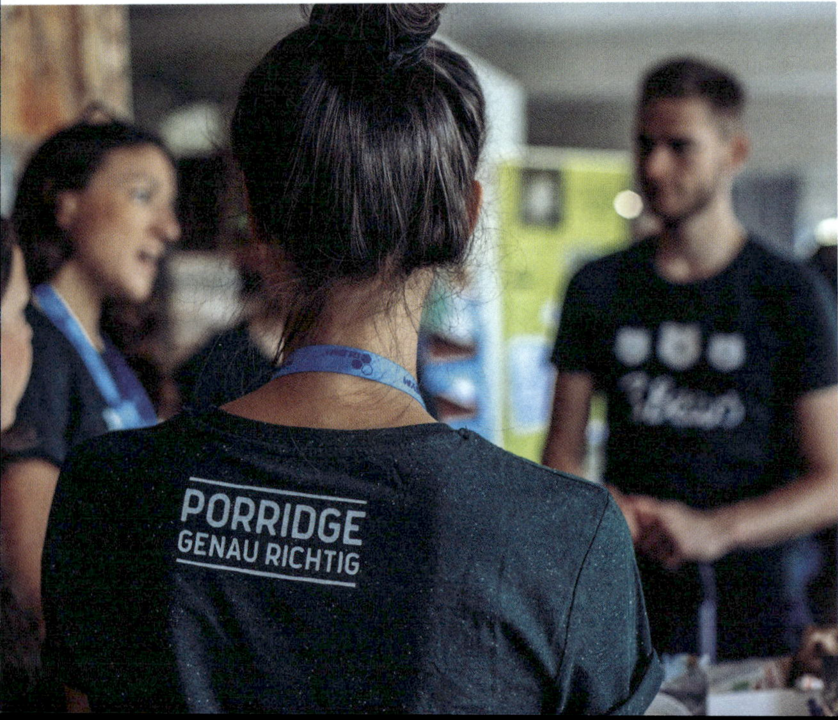
PORRIDGE
GENAU RICHTIG

3Bears

3Bears
PORRIDGE
GENAU RICHTIG
OHNE
ZUCKERZUSATZ
DREIERLEI BEERE
KERNIG & MIT 32% FRUCHT

3Bears

DANKSAGUNG

EMF-Verlag – Wir möchten uns ganz herzlich für die Unterstützung unseres bärenstarken Verlags bedanken. Ihr habt unseren Ideen freien Lauf gelassen und uns dabei aber immer in die richtige Richtung gelenkt. Wir sind sehr stolz auf unsere gemeinsame „Porridge-Bibel"!

Guido – Unser toller Food-Fotograf! 1000 Dank, dass du die Bärenhütte zum Leben erweckt hast. Wir hatten viele schöne Stunden mit dir im Kitchenkiss Studio.

Alexey – Unser fabelhafter Outdoor-Fotograf! Wir danken dir für die unterhaltsamen Stunden, die wir mit dir verbringen durften und die tollen Fotos, die dabei entstanden sind.

Motel a Mio, house doctor©, Nkuku und Kähler Design – DANKE für die Bereitstellung des wunderschönen Geschirrs!

Judith Williams & Frank Thelen – Ein großes Dankeschön auch an unsere Investoren! Ohne euch wären wir sicher nicht, wo wir heute sind. Wir hoffen, das Buch gefällt euch.

3Bears Team – DANKE an das einzigartige 3Bears Team! Jeder von euch hat einen unentbehrlichen Beitrag zu diesem Buch geleistet. Wir freuen uns auf viele Frühstücksmomente mehr in der Bärenhöhle!

Unsere Familien – Ohne euch gäbe es 3Bears nicht. Ihr wart immer da, wenn wir euch brauchten. Von der Namensfindung, Unterstützung auf den ersten Messen bis hin zu spontanen Verkostungen neuer Sorten. Danke!

Unsere Porridge-Freunde – Danke, danke, danke an unsere 3Bears Community für eure Unterstützung! Ihr inspiriert uns von Tag zu Tag aufs Neue, gebt uns immer ehrliches Feedback und spornt uns an, auch weiterhin gesundes Frühstück zu kreieren.

Caroline & Tim

REGISTER

A

Ananas
Goldlöckchens
Golden-Milk-Smoothie 116
Tropischer Kokos-Smoothie 120

Apfel
Apfelstrudel-Porridge 26
Erdbeeriges Apfel-Oats-Dessert 84
Frische Apfel-Oats mit Kaki-Topping 80
Fruchtiger Apfel-Zimt-Smoothie 118
Rosarotes Schoko-Bete-Porridge 34
Würziges Bratapfel-Porridge 58

Aprikosen
Beschwipste Festtagstorte 90
Fruchtiges Porridge mit Aprikosenmus 48
Tropischer Kokos-Smoothie 120

Avocado
Green-Mango-Smoothie 112
Pikantes Avocado-Porridge mit Waldpilzen 40

B

Banane
Bananiges Peanutbutter-Dessert 76
Bananiges Whiskey-Porridge 44
Blaubeer-Bananen-Oats Cheesecake-Style 78
Blueberry-Banana-Porridge-Muffins 106
Green-Mango-Smoothie 112
Mohnig-nussiges Bananenbrot 88
Schokoladiges Bananen-Porridge mit Biss 20
Schokoladiges Genießerwochenende-Porridge 36
Veganer Schoko-Bananen-Smoothie 114
Zitronen-Bananen-Smoothie 112

Birne
Fruchtiges Porridge mit Balsamico-Röstbirnen 38

Blutorange
Earl-Grey-Porridge mit Vanille-Orangensoße 50

Brombeeren
Geröstetes Porridge mit B(ä)renkompott 30
Märchenhaftes Waldbeeren-Porridge mit Fruchtspiegel 52
Rosarotes Schoko-Bete-Porridge 34

C

Cashewnusskerne
Blueberry-Banana-Porridge-Muffins 106
Goldig-fruchtige Overnight Oats 70

Chia-Samen
B(ä)rige Chia-Overnight-Oats 66
Fruchtige Porridge-Balls 104
Tropischer Kokos-Smoothie 120

Cranberrys
Rosarotes Schoko-Bete-Porridge 34
Würziges Bratapfel-Porridge 58

D

Datteln, getrocknet
B(ä)rige Porridge-Bars 100
Fruchtige Porridge-Balls 104
Starke Wachmacher Overnight Oats 68

Dreierlei Beere

B(ä)rige Chia-Overnight-Oats 66
B(ä)rige Porridge-Bars 100
B(ä)riges Nuss-Porridge 46
Judith Williams' Beauty-Smoothie 120
Kirschige Oats nach Schwarzwälder Art 64
Märchenhaftes Waldbeeren-Porridge mit Fruchtspiegel 52
Rosarotes Schoko-Bete-Porridge 34
Starkmacher-Proats mit selbstgemachtem B(ä)ren-Quark 54

E

Erdbeeren
Erdbeeriges Apfel-Oats-Dessert 84
Geröstetes Porridge mit B(ä)renkompott 30
Wildes Erdbeer-Porridge mit Thymianhonig 28

Erdnüsse
Gebuttertes Nuss-Porridge mit Ricotta & Honig 60

Erdnussmus
Bananiges Peanutbutter-Dessert 76

Buttermilch
Beschwipste Festtagstorte 90
Blueberry-Banana-Porridge-Muffins 106
Kerniges Haferbrot 96
Mohnig-nussiges Bananenbrot 88
Zitronen-Bananen-Smoothie 112

B(ä)rige Porridge-Bars 100
B(ä)riges Nuss-Porridge 46
Fruchtige Porridge-Balls 104
Fruchtige Porridge-Cookies 108
Nussiger Kraftspender 118
Starkmacher-Proats mit selbstgemachtem B(ä)ren-Quark 54

F

Feige
Beschwipste Festtagstorte 90
Sommerliche Overnight Oats 72

Fruchtige Kokosnuss

Beschwipste Festtagstorte 90
Fernöstlicher Mango-Porridge-Genuss 24
Frische Zitronen-Orangen Overnight Oats 82
Fruchtige Porridge-Balls 104
Fruchtige Porridge-Cookies 108
Fruchtiges Porridge mit Aprikosenmus 48
Fruchtiges Porridge mit Balsamico-Röstbirnen 38
Goldig-fruchtige Overnight Oats 70
Goldlöckchens Golden-Milk-Smoothie 116
Schokoladiger Porridge-Smoothie 114
Schokoladiges Genießerwochenende-Porridge 36
Sommerliche Overnight Oats 72
Tropischer Kokos-Smoothie 120

G

Gojibeeren, getrocknet
Judith Williams' Beauty-Smoothie 120

Granatapfel
Goldig-fruchtige Overnight Oats 70

Gurke

Green-Mango-Smoothie 112

H

Haferdrink
Frisch-bananiges Lavendel-Porridge 56
Schokoladiges Bananen-Porridge mit Biss 20
Starke Wachmacher Overnight Oats 68
Warm-würzige Honigmilch 116

Haselnusskerne
B(ä)rige Porridge-Bars 100
Erdbeeriges Apfel-Oats-Dessert 84

Frisch-bananiges Lavendel-Porridge 56
Gebuttertes Nuss-Porridge mit Ricotta & Honig 60
Nussiger Kraftspender 118
Starke Wachmacher Overnight Oats 68

Heidelbeeren
Beeriges Nuss-Porridge 46
Blaubeer-Bananen-Oats Cheesecake-Style 78
Blueberry-Banana-Porridge-Muffins 106
Frisch-bananiges Lavendel-Porridge 56
Sommerliche Overnight Oats 72
Starkmacher-Proats mit selbstgemachtem B(ä)ren-Quark 54
Vanilliges Porridge aus Griechenland 22

Himbeeren
Geröstetes Porridge mit B(ä)renkompott 30

J

Joghurt

Blaubeer-Bananen-Oats Cheesecake-Style 78
Goldig-fruchtige Overnight Oats 70
Kirschige Oats nach Schwarzwälder Art 64
Rosarotes Schoko-Bete-Porridge 34
Schokoladiger Porridge-Smoothie 114
Tropischer Kokos-Smoothie 120
Vanilliges Porridge aus Griechenland 22

K

Kakao
Fruchtige Porridge-Balls 104
Kirschige Oats nach Schwarzwälder Art 64
Rosarotes Schoko-Bete-Porridge 34
Schokoladiger Porridge-Smoothie 114
Schokoladiges Bananen-Porridge mit Biss 20
Schokoladiges Genießerwochenende-Porridge 36
Starke Wachmacher Overnight Oats 68
Veganer Schoko-Bananen-Smoothie 114

Kerniger Klassiker

Earl-Grey-Porridge mit Vanille-Orangen-Soße 50
Gebuttertes Nuss-Porridge mit

IMPRESSUM

Bibliografische Information der Deutschen Bibliothek.

Die Deutsche Bibliothek verzeichnet diese Publikation in der Deutschen Nationalbibliografie.

Detaillierte bibliografische Daten sind im Internet über http://www.dnb.de/ abrufbar.

EIN BUCH DER EDITION MICHAEL FISCHER

1. Auflage 2018

© 2018 Edition Michael Fischer GmbH, Donnersbergstr. 7, 86859 Igling

Covergestaltung: Rebecca Leiner, Silvia Keller

Produktmanagement: Juliane Rottach, Anna Zwicklbauer

Lektorat: Maryna Zimdars

Korrektorat: Christiane Wirth, Torsten Lasse (Wirth Lasse GbR)

Bilder: Guido Schmelich, Holzkirchen b. München (Cover und alle Rezeptbilder), Alexey Testov, Landshut (S. 7–9, 26, 40, 46, 68, 82, 92, 108, 122/122–124), Michael Münch, Frankfurt (S. 122/123 Teambilder); videokvadrat/shutterstock (S. 74/75), Andrew Koturanov/shutterstock (S.98), Krasovski Dmitri/shutterstock (Untergrund S. 10)

Layout: Rebecca Leiner, Silvia Keller

Illustrationen: Pia von Miller

ISBN 978-3-96093-057-0

Gedruckt bei Polygraf Print, Čapajevova 44, 08001 Prešov, Slowakei

www.emf-verlag.de